# Wasser

Dominique Lurz

Klasse 3/4

Verlag an der Ruhr

# Impressum

**Titel**
*Werkstatt kompakt*
Wasser – Kopiervorlagen mit Arbeitsblättern

**Autorin**
Dominique Lurz

**Umschlagmotive**
Wasser: © TRAFFIC – stock.adobe.com
Hände: © Tatyana Gladskih – stock.adobe.com

**Illustrationen**
Kapitellogo Tropfen, Erdkugel: © Verlag an der Ruhr; Kapitellogos Wasserhahn, Papierschiff: Norbert Höveler; Kapitellogo Enten: Astrid Wilkesmann; ansonsten siehe Copyrighthinweise

**Satz und Layout**
ideenreich, Melanie Reich

**Druck**
Athesia Druck GmbH, Bozen, IT

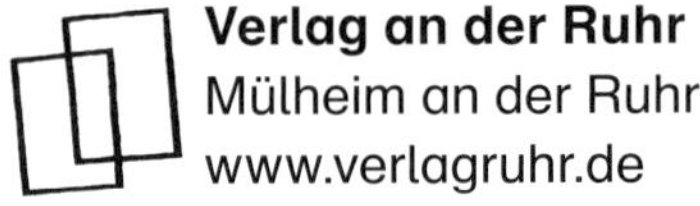
**Verlag an der Ruhr**
Mülheim an der Ruhr
www.verlagruhr.de

**Geeignet für die Klassen 3 – 4**


**ISBN 978-3-8346-2740-7**

# Inhaltsverzeichnis

**Vorwort** . . . . 4
**Lösungen einiger Angebote** . . . . 5
**Arbeits-Pass** . . . . 7
**Das weiß ich schon, das will ich wissen** . . . . 8
**Beobachtungsbogen für Experimente** . . . . 9

## Wasser ist Leben

Kein Leben ohne Wasser . . . . 10
Wasser in unserem Körper . . . . 11
Ohne Wasser kein Leben – Wasser ist an allen biologischen Prozessen beteiligt . . . . 12
Mein „Trink-Tagebuch“ . . . . 13

## Wasser in unserem Alltag

Wofür brauchen wir Wasser?
Unser täglicher Wasserverbrauch . . . . 14
Wasserdetektiv – Mein Wasserprotokoll . . . . 15
So viel Wasser verbrauchen wir . . . . 16
Wie viel Wasser können wir sparen? – Experiment . . . . 17
Geschichte der Wasserversorgung . . . . 18
Was passiert in einer Kläranlage? . . . . 19
Wasser versteckt im Einkaufskorb . . . . 22
Virtuelles Wasser – Was ist das? . . . . 23

## Wasser in der Natur

Wassergehalt von Lebensmitteln . . . . 24
Auch Pflanzen müssen trinken – Experiment . . . . 25
Tiere als Wasserkünstler . . . . 26
Gewässer-Recherche . . . . 27
Hochwasser in Deutschland . . . . 28
Schutzmaßnahmen gegen Hochwasser . . . . 29

## Wasser in der Welt

Wasser ist lokal verfügbar – Felix aus Deutschland und Fahima aus Tansania . . . . 30
Wasser – Sparer und Verschwender . . . . 31
Die Weltmeere . . . . 32
Weltwirtschaft auf dem Wasser . . . . 34
Wasser-Rekorde . . . . 35

## Eigenschaften von Wasser

Der klassische Wasserkreislauf . . . . 36
Kann es in einem Glas regnen? – Experiment . . . . 37
Wasser kann sich verwandeln . . . . 38
Kann ein Kamm schwimmen? – Experiment . . . . 40
Kann Knete schwimmen? – Experiment . . . . 41
Sind Zucker und Pfeffer unsichtbar? – Experiment . . . . 42

**Wasser-Lexikon** . . . . 44
**Wasser-Spiel** . . . . 45
**Medientipps** . . . . 48

# Vorwort

Wasser ist für uns selbstverständlich. Wasserhahn auf und frisches, sauberes Wasser fließt. Wasser ist Leben und der Grundbestandteil aller Lebewesen. Wasser geht auch nie wirklich verloren, es verwandelt sich nur im Wasserkreislauf und ist ständig in Bewegung.
In dieser Werkstatt erfahren die Schüler* Wissenswertes über das Wasser im Körper, unseren Wasserverbrauch, Interessantes über verschiedene Gewässer und Tiere und haben in Form von Experimenten die Möglichkeit, viel selbstständig zu beobachten.

## Zum Aufbau der Werkstatt

Dieses Heft enthält 40 Arbeitsblätter als Kopiervorlagen für die Hand der Schüler. In der Regel befinden sich auf einem Arbeitsblatt sowohl die Arbeitsmaterialien (in Form von Informationstexten und/oder Grafiken) als auch die Aufgaben selbst. Zu einigen Themen gibt es auch mehrere Arbeitsblätter.
Einige Aufgaben können direkt auf dem Arbeitsblatt bearbeitet werden. Sofern dazu kein Platz vorgesehen ist, können die Schüler die Rückseite der Kopiervorlage, Extrablätter oder ein Lerntagebuch nutzen. Reine Informationstexte können laminiert werden, um einen mehrfachen Einsatz zu gewährleisten.

Viele Aufgaben können die Schüler allein ☺ lösen. Einige Arbeitsblätter, gerade die Experimente, sollten die Kinder in Partner- ☺☺ oder Gruppenarbeit ☺☺☺ lösen.

Die Wasser-Werkstatt ist in folgende Bereiche gegliedert:

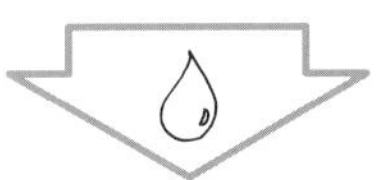
**Wasser ist Leben**

**Wasser in unserem Alltag**

**Wasser in der Natur**

**Wasser in der Welt**

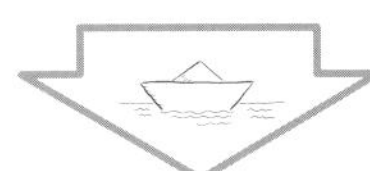
**Eigenschaften von Wasser**

Zudem enthält die Wasser-Werkstatt ein Wasser-Lexikon, das als Hilfsmittel bei der Bearbeitung der Aufgaben verwendet werden kann, sowie ein Wasserspiel, bei dem das Gelernte spielerisch wiederholt und gefestigt werden kann. Treffen Sie bei den Kopiervorlagen und Aufgaben eine individuelle Auswahl je nach Interesse und Leistungsfähigkeit Ihrer Schüler.

## Weitere Hinweise

Während der gesamten Werkstattarbeiten sollten Sie Landkarten bzw. Atlanten zur Verfügung stellen. Für Rechercheaufgaben wird in der Regel ein Internetzugang benötigt. Einige Aufgaben lassen sich möglicherweise auch mithilfe verschiedener Nachschlagewerke lösen. Stellen Sie dazu jedoch vorher sicher, dass die gefragten Informationen dort auch wirklich nachzulesen sind.
Die Wasser-Werkstatt enthält zahlreiche Experimente bzw. Forscheraufträge, die die Schüler zum direkten Handeln, Erforschen, Beobachten und Begründen motivieren sollen. Auf den jeweiligen Kopiervorlagen finden die Schüler genaue Angaben zu den Materialien sowie konkrete Arbeitsanweisungen. Für Sie als Lehrkraft gilt es, sämtliche Materialien vorab zu besorgen oder ggf. auch von den Schülern mitbringen zu lassen.

* Aus Gründen der besseren Lesbarkeit haben wir in diesem Buch durchgehend die männliche Form verwendet. Natürlich sind damit auch immer Frauen und Mädchen gemeint, also Lehrerinnen, Schülerinnen etc.

# Vorwort

## Lösungen einiger Angebote

### Ohne Wasser kein Leben (S. 12)

**Aufgabe 2:**
Z. B. durch Schwitzen, Verdauung, Urin, Ausatmen
**Aufgabe 3:**
- Wasseraufnahme: 0,6 Liter mit der Nahrung, 1,5 Liter Getränke, 0,4 Liter für den Nährstoffabbau
- Wasserabgabe: 0,2 Liter im Stuhl, 1,5 Liter Urin, 0,8 Liter über Haut und Atmung

### So viel Wasser verbrauchen wir (S. 16)

**Aufgabe 2:**
Pro Tag verbrauchen wir etwa 25 Eimer Wasser.

### Wie viel Wasser können wir sparen? – Experiment (S. 17)

**Aufgabe 1:**
Es dauert etwa 10 Sekunden, bis ein Liter voll ist (→ kommt natürlich auf den jeweiligen Wasserdurchfluss an).
**Aufgabe 2:**
2 Minuten = 120 Sekunden. 10 Sekunden = 1 Liter Wasser → 120 Sekunden = 12 Liter Wasser
**Aufgabe 3:**
2-mal täglich Zähne putzen = 4 Minuten → 240 Sekunden = 24 Liter Wasser
**Aufgabe 4:**
In einen Zahnputzbecher passen ca. 200 Milliliter.
**Aufgabe 5:**
Zahnputzbecher: 200 Milliliter – Zähne putzen bei laufendem Wasserhahn: 12 000 Milliliter → Ersparnis: 11 800 Milliliter = 11,8 Liter
Bei 2-mal täglich Zähne putzen spart man 23,6 Liter Wasser.

### Virtuelles Wasser – Was ist das? (S. 23)

**Aufgabe 1:**
1. Bewässerung der Baumwollpflanzen (2 430 l)
2. Reinigung der Baumwolle (150 l)
3. Spinnen und Färben (75 l)
4. Transport (25 l)
5. Maschinen und Geräte (20 l)

### Wassergehalt von Lebensmitteln (S. 24)

**Aufgabe 1:**
1. Gurke, 2. Apfel, 3. Fisch, 4. Fleisch, 5. Brot, 6. Butter, 7. Öl, 8. Schokolade

### Auch Pflanzen müssen trinken – Experiment (S. 25)

Dazu muss man den Stiel der Blume längs von unten bis ca. zur Hälfte durchschneiden. Je eine Hälfte kommt in verschiedenfarbige Tinte. Nach einigen Stunden färbt sich die Blume zweifarbig.
Warum ist das so? Die Blume nimmt Wasser auf. Dieses wandert durch winzige Kanäle in den Stängeln nach oben. In den Blüten angekommen, lagern sich die Farbstoffe der Tinte ab.

### Tiere als Wasserkünstler (S. 26)

**Aufgabe 2:**
- Kamel: Kind 200 Tage, Erwachsener 100 Tage
- Elefant: Kind 8 Tage, Erwachsener 4 Tage

### Hochwasser in Deutschland (S. 28)

**Aufgabe 1:**
durch lang anhaltenden Regen, Schneeschmelze
**Aufgabe 2:**
Kurvenreiche Flüsse fließen langsamer und sind nicht so zerstörerisch wie schnelle, gerade Flüsse.

### Schutzmaßnahmen gegen Hochwasser (S. 29)

**Aufgabe 1:**
Text 1 – Bild 3; Text 2 – Bild 4; Text 3 – Bild 1; Text 4 – Bild 2

### Die Weltmeere (S. 33)

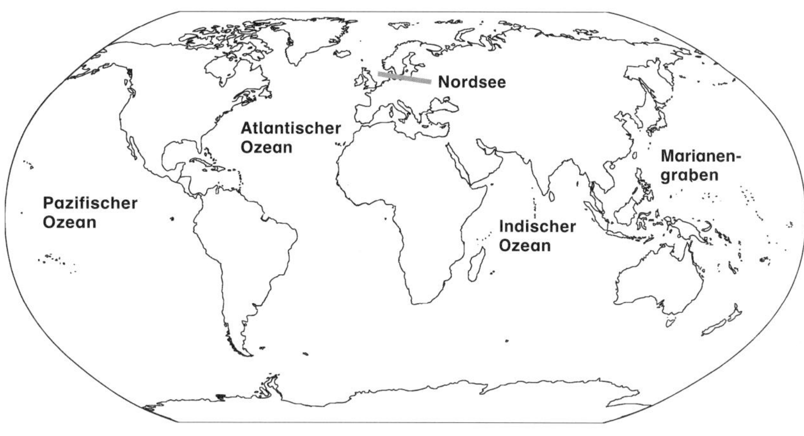

# Vorwort

### Weltwirtschaft auf dem Wasser (S. 34)

**Aufgabe 2:**
Ein LKW benötigt etwa 19 Tage.
Das Schiff benötigt 11 Tage.

### Wasser-Rekorde (S. 35)

**Aufgabe 1:**
- längster Fluss der Welt: Nil mit 6852 km
- tiefster See der Welt: Baikalsee mit 1642 m
- größter Ozean der Welt: Pazifik mit 181,34 Mio. km$^2$
- tiefste Stelle im Meer: Marianengraben mit 11 034 km

**Aufgabe 2:**
Tipp: www.wikipedia.de → Liste geografischer Rekorde

### Kann es in einem Glas regnen? – Experiment (S. 37)

Nach einiger Zeit sammeln sich kleine Tropfen an der Innenseite der Frischhaltefolie bzw. am Innenrand des Glases.
Warum ist das so? Wenn es draußen regnet, werden durch die Sonnenwärme der Boden, die Flüsse usw. aufgeheizt. Dadurch verdampft das dort enthaltene Wasser, es wird gasförmig. Der Wasserdampf steigt auf. In den höheren Luftschichten kühlt dieser Dampf wieder ab. Dadurch kondensiert das Wasser, d. h., es wird wieder flüssig und bildet kleine Tropfen. Sobald diese groß und schwer genug sind, fallen sie wieder herunter.

### Wasser kann sich verwandeln (1/2) (S. 38)

**Aufgabe 3:**
0° C, gefriert, schmilzt, flüssig, verdunstet
100° C, verdampft, kondensiert

### Wasser kann sich verwandeln (2/2) (S. 39)

**Aufgabe 5:**
- Das Wasser ist **flüssig**. Das Wasser wird **gasförmig**. Vorgang: **Verdunsten**
- Das Wasser ist **flüssig**. Das Wasser wird **fest**. Vorgang: **Gefrieren**
- Das Wasser ist **gasförmig**. Das Wasser wird **flüssig**. Vorgang: **Kondensieren**
- Das Wasser ist **fest**. Das Wasser wird **flüssig**. Vorgang: **Schmelzen**

### Kann ein Kamm schwimmen? – Experiment (S. 40)

**Aufgabe 3:**
- schwimmt: Kamm, Styroporstück, Korken, Rinde bzw. Holz, Holzstift, Alufolie
- sinkt: Stein, Murmel, Radiergummi, Kreide

### Kann Knete schwimmen? – Experiment (S. 41)

**Aufgabe 1:**
Die Knete sinkt sofort zu Boden.
**Aufgabe 3:**
Ein Körper schwimmt dann, wenn seine Dichte geringer ist als die von Wasser. Die Knete muss also so geformt werden, dass sie mehr Wasser verdrängt, als sie selbst wiegt. Knete schwimmt, wenn sie zu einer Art Boot oder Schale geformt wird.

### Sind Zucker und Pfeffer unsichtbar? (1/2) – Experiment (S. 42)

**Aufgabe 2:**
- wasserlösliche Stoffe: Zucker, Salz, Saft einer Zitrone oder Orange
- wasserunlösliche Stoffe: Pfeffer, Öl, Blumenerde

### Sind Zucker und Pfeffer unsichtbar? (2/2) – Experiment (S. 43)

**Aufgabe 4:**
- Pfeffer: nur wenige Pfefferteilchen sinken zu Boden, die meisten sammeln sich an der Oberfläche in der Mitte
- Öl: „schwimmt" an der Oberfläche

**Aufgabe 5:**
Gibt man einen Tropfen Spülmittel in das Pfefferwasser, bewegt sich der Pfeffer sofort davon.
Warum ist das so? Dies hat mit der Oberflächenspannung des Wassers zu tun. An den Stellen, wo Spülmittel im Wasser schwimmt, ist die Oberflächenspannung zerstört. Hier herrscht keine Anziehung mehr zwischen den Wassermolekülen. Lediglich die Moleküle außerhalb der „Spülmittel-Zone" können ziehen. Da der Pfeffer auf dem Wasser schwimmt, wird er mitgezogen.

# Arbeits-Pass

**von:** ..................................................................................................

| Angebot | erledigt am: | kontrolliert oder vorgestellt am: |
|---|---|---|
| | | |
| | | |
| | | |
| | | |
| | | |
| | | |
| | | |
| | | |
| | | |
| | | |
| | | |
| | | |
| | | |
| | | |
| | | |
| | | |
| | | |
| | | |
| | | |

# Das weiß ich schon, das will ich wissen

**Du brauchst:**

➔ Stifte
➔ Schere
➔ Klebstoff
➔ 2 große Plakate mit „!“ und „?“

**So geht es:**

1. Denke gut über das Thema Wasser nach.
   Schreibe alles, was du schon weißt, in die Kästen mit dem „!“.
   Schreibe alles, was du wissen möchtest, in die Kästen mit dem „?“.
2. Schneide deine Kästchen aus und klebe sie auf die passenden Plakate.
3. Sprecht darüber.

**!** ..............................

**!** ..............................

**?** ..............................

**?** ..............................

# Beobachtungsbogen für Experimente

Name: ........................................................................ Datum: ................................

So heißt das Experiment: ..........................................................................................

**Das brauche ich:**

..........................................................................................

..........................................................................................

..........................................................................................

..........................................................................................

..........................................................................................

**Das vermute ich:**

..........................................................................................

..........................................................................................

..........................................................................................

..........................................................................................

**Das habe ich beobachtet:**

..........................................................................................

..........................................................................................

..........................................................................................

..........................................................................................

..........................................................................................

**So könnte man dies erklären:**

..........................................................................................

..........................................................................................

..........................................................................................

..........................................................................................

..........................................................................................

# Kein Leben ohne Wasser

Stelle dir vor, du sitzt mit einem Fernrohr auf dem Mond und siehst hinunter zur Erde.
**Was siehst du?**

Eine nahezu „blaue Scheibe", denn der größte Teil der Oberfläche (71 %) der Erde ist mit Seen, Flüssen, Meeren und Ozeanen bedeckt.
Daher wird die Erde auch oft als **„Blauer Planet"** bezeichnet.

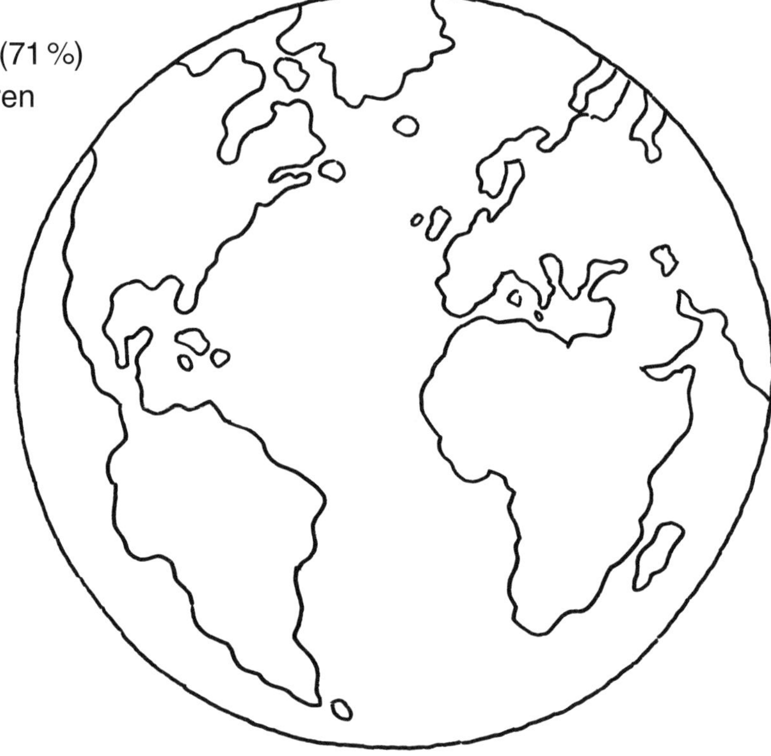

Der größte Anteil des Wasservorkommens besteht aus dem **Salzwasser** (97 %) der Ozeane – Wasser, das wir nicht trinken können, da es zu salzhaltig ist. Nur ca. 3 % des Wassers auf der Erde ist **Süßwasser**. Das meiste Süßwasser ist dabei als Eis an den Polen und Gletschern. Lediglich einen sehr geringen Teil des Süßwassers können wir als Trinkwasser nutzen. Daher müssen wir sehr sparsam und verantwortungsvoll damit umgehen.

1. **Unterstreiche die wichtigsten Informationen blau.**
2. **Du siehst hier ein leeres Glas. „Fülle" es mit den Informationen von oben. Zeichne die Anteile von Salzwasser und Süßwasser ein und schreibe daneben, wo dieses Wasser vorkommt.**

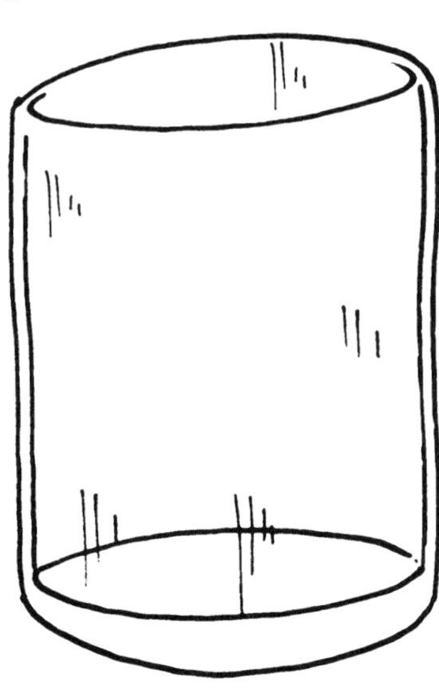

# Wasser in unserem Körper

Der Mensch besteht zu einem großen Teil aus Wasser. Bei einem Baby beträgt der Wasseranteil im Körper etwa 75–80 %. Bei Kindern liegt der Wasseranteil bei etwa 60–75 %. Bei einem Erwachsenen macht das Wasser etwa drei Viertel (50–70 %) des Körpergewichts aus. Fast 40 Liter Wasser verstecken sich im Körper eines Erwachsenen. Davon fließen etwa 5 bis 6 Liter als Blut durch den Körper. Der Rest ist im Gewebe unserer Organe, Knochen, Muskeln und im Fettgewebe gespeichert.

Je älter wir werden, desto weniger Wasser enthält unser Körper. Bei älteren Menschen macht das Wasser nur noch die Hälfte (50 %) des Körpergewichts oder sogar weniger aus.

1. **Unterstreiche die wichtigen Informationen im Text blau.**
2. **Male bei den Figuren blau aus, wie viel Wasser sie ungefähr in ihrem Körper haben.**

3. **Aus dieser Tabelle kannst du den Wasseranteil in deinem Körper ablesen. Sieh nach, wie viel du wiegst. Unter deinem Gewicht steht, wie viele Kilogramm Wasser in deinem Körper sind. Kreise ein.**

| **Körpergewicht in Kilogramm** | 20 | 25 | 30 | 35 | 40 | 45 | 50 | 55 |
|---|---|---|---|---|---|---|---|---|
| **Wasseranteil in Kilogramm** | 14 | 17,5 | 21 | 24,5 | 28 | 31,5 | 35 | 38,5 |

4. **Berechnet doch einmal den gesamten Wasseranteil eurer Klasse.**

# Ohne Wasser kein Leben

Wasser ist an allen biologischen Prozessen beteiligt

Ein Mensch kann ohne Nahrung mehrere Wochen überleben, aber ohne Wasser verdursten wir spätestens nach ein paar Tagen.

Stelle dir vor: Etwa 40 Liter Wasser verstecken sich im Körper eines Erwachsenen. Nichts läuft in unserem Körper ohne Wasser. Für alle lebenswichtigen Vorgänge wird Wasser benötigt.

Wasser ist im Speichel versteckt, um die Nahrung für den Transport und die weitere Verarbeitung im Magen-Darm-Trakt aufzulösen.
Wasser ist auch der wichtigste Baustein unseres Blutes.
Wasser transportiert Nährstoffe, sorgt für eine gute Verdauung,
Wasser ist am Aufbau und Erhalt sämtlicher Körperzellen beteiligt,
Wasser verdünnt Schadstoffe und transportiert Abfallprodukte.

1. **Unterstreiche im Text alle wichtigen Aufgaben des Wassers in unserem Körper.**
2. **Natürlich verlieren wir tagtäglich auch viel Wasser. Überlege: Bei welchen Situationen, Vorgängen und so weiter verliert dein Körper Wasser? Schreibe auf.**

......................................................................

......................................................................

......................................................................

3. **Das Wasser, das wir verlieren, müssen wir dem Körper wieder zufügen. Nur wenn die Wasseraufnahme und die Wasserabgabe ausgeglichen sind, geht es deinem Körper gut.**
   - Du siehst hier einige Angaben. Überlege: Gehören diese Werte zur Wasseraufnahme oder zur Wasserabgabe?
   - Zeichne auf die Rückseite dieses Blattes eine Waage und beschrifte die eine Seite mit „Wasseraufnahme" und die andere Seite mit „Wasserabgabe".
   - Ordne die Werte richtig zu und berechne beide Seiten.

0,2 Liter im Stuhl

1,5 Liter Urin

0,6 Liter mit der Nahrung

1,5 Liter Getränke

0,8 Liter über Haut und Atmung

0,4 Liter für den Nährstoffabbau

# Mein „Trink-Tagebuch"

**Trinken ist wichtig!** Gerade wenn es sehr heiß ist oder du Sport getrieben hast, braucht dein Körper viel Flüssigkeit.
Man sollte mindestens 30–40 Milliliter pro Kilogramm Körpergewicht trinken.
Kinder im Grundschulalter (6–10 Jahre) wiegen etwa 20–30 Kilogramm und sollten daher etwa 1 Liter am Tag trinken.

**Trinkst du auch genug?**

| Art der Flüssigkeit | Menge | Tag 1 | Tag 2 | Tag 3 | Tag 4 | Tag 5 |
|---|---|---|---|---|---|---|
| Wasser | kleines Glas: ml | | | | | |
| | großes Glas: ml | | | | | |
| | Trinkflasche: ml | | | | | |
| Saft | kleines Glas: ml | | | | | |
| | großes Glas: ml | | | | | |
| | Trinkflasche: ml | | | | | |
| Schorle/ Sonstiges | kleines Glas: ml | | | | | |
| | großes Glas: ml | | | | | |
| | Trinkflasche: ml | | | | | |
| Kakao/Tee | kleines Glas: ml | | | | | |
| | großes Glas: ml | | | | | |
| | Trinkflasche: ml | | | | | |

1. **Bevor es losgehen kann, finde zuerst heraus, wie viele Milliliter Flüssigkeit in deine verschiedenen Tassen, Gläser und Trinkflaschen passen. Trage ein.**
2. **Trage in die Tabelle ein, was und wie viel du getrunken hast. Mache für jedes Getränk einen Strich im entsprechenden Feld.**
3. **Berechne, wie viel du jeden Tag getrunken hast.**
4. **Von welcher Flüssigkeit hast du am meisten getrunken?**
5. **Vergleiche deine Ergebnisse mit denen deiner Klassenkameraden. Sprecht darüber.**
6. **Lasse auch deine Eltern ein „Trink-Tagebuch" führen.**

# Wofür brauchen wir Wasser?

Wir drehen den Wasserhahn auf und schon fließt – für uns ganz selbstverständlich – sauberes Trinkwasser aus der Leitung.

**Hast du schon einmal überlegt, wofür wir tagtäglich frisches Wasser benötigen?**

1. **Schreibe auf, in welchen Situationen du heute schon Wasser gebraucht hast.**

..........................................................

..........................................................

..........................................................

2. **Sieh dir das Haus an. Hier sind viele Orte und Situationen aus deinem Alltag dargestellt, in denen du und deine Familie Wasser verbrauchen. Schreibe auf.**

1. ..........................................
2. ..........................................
3. ..........................................
4. ..........................................
5. ..........................................
6. ..........................................
7. ..........................................

3. **Überlege: In welchen Zimmern wird wohl am meisten Wasser verbraucht? Begründe.**

..........................................................

..........................................................

..........................................................

..........................................................

..........................................................

Abb.: Norbert Höveler

# Wasserdetektiv – Mein Wasserprotokoll

**Was denkst du: Wie viele Liter Wasser verbrauchst du durchschnittlich pro Tag?**

Meine Schätzung: ........................ Liter

**Wasserprotokoll vom** ..........................................

| | **Verbrauch 1 x** | **Wie oft pro Tag?** | **Verbrauch pro Tag insgesamt** |
|---|---|---|---|
| Hände waschen | 2 Liter | | |
| Toilette | 6 Liter | | |
| Zähne putzen | 1 Liter | | |
| Duschen | 50 Liter | | |
| Baden | 100 Liter | | |
| Trinken | | | |
| | | | |
| | | | |
| | | | |

1. **Auch in deiner Klasse kannst du ein Wasserprotokoll durchführen. Wozu verbraucht ihr an einem Schultag Wasser? Schreibt auf.**

   ..................................................................................................................

   ..................................................................................................................

   ..................................................................................................................

2. **Überlegt euch, wie ihr das Wasserprotokoll in der Schule durchführen könnt. Sprecht darüber.**

Kapitellogo: Norbert Höveler

# So viel Wasser verbrauchen wir

Jeden Tag brauchen wir pro Person durchschnittlich etwa 127 Liter Trinkwasser (aus: www.sparhaushalt.com).
So teilt sich unser Wasserverbrauch auf:



1. **Male entsprechend viele Eimer pro Zeile an.**
   (In jedem Eimer haben 5 Liter Platz.)

   Duschen/Baden/Körperpflege:

   Toilette:

   Wäsche waschen:

   Putzen:

   Spülmaschine:

   Garten:

   Essen und Trinken:

   Sonstiges:

2. **Wie viele Eimer Wasser pro Tag verbrauchen wir?**

   .......................... **Eimer**

3. **Überlege: Wer verbraucht wohl mehr Wasser?**
   **Ein Rentnerehepaar oder ein Ehepaar, das die Woche über arbeitet?**
   **Begründe.**

   ..........................................................................................

   ..........................................................................................

   ..........................................................................................



Kapitellogo: Norbert Höveler; Eimer: Anja Boretzki

# Wie viel Wasser können wir sparen?

Experiment

**Ihr braucht:**

- ➔ Stoppuhr
- ➔ Messbecher für midestens 1 Liter
- ➔ Zahnputzbecher
- ➔ Blatt Papier für Notizen

**So geht es:**

1. Drehe den Wasserhahn auf und lasse das Wasser in den Messbecher laufen. Wie lange dauert es, bis **ein Liter** voll ist? Dein Partner stoppt die Zeit.
2. Überlegt: Wenn du 2 Minuten lang deine Zähne putzt und dabei das Wasser laufen lässt, wie viel Liter Wasser verbrauchst du?
3. Überlegt weiter: Man soll 2-mal täglich Zähne putzen. Wie viel Liter Wasser verbrauchst du, wenn das Wasser in dieser Zeit weiterläuft?
4. Fülle den Zahnputzbecher mit Wasser. Wie viele Milliliter (ml) passen in den Becher?
5. Vergleicht nun das Zähneputzen bei laufendem Wasserhahn und mit einem Zahnputzbecher. Wie viel Wasser kannst du sparen? Rechnet aus.

**Ihr seht, bereits beim Zähneputzen könnt ihr Wasser sparen.**

- **Habt ihr noch weitere Ideen, wie wir wertvolles Wasser sparen können?**
  Geht im Kopf Raum für Raum durch (Badezimmer, Küche, Garten, Keller und so weiter).
- **Gestaltet ein Plakat mit euren Wasserspar-Tipps und stellt es euren Klassenkameraden vor.**

Kapitellogo: Norbert Höveler; Kind: Eva Spanjardt

# Geschichte der Wasserversorgung

Wir machen den Wasserhahn auf und schon fließt frisches, sauberes Wasser aus der Leitung. Früher war dies nicht so leicht. Erst seit gut 100 Jahren gibt es eine Trinkwasserversorgung in Deutschland.

1. **Seht euch die Bilder an und beschreibt, wo und wie die Menschen früher ihr Wasser herholten.**
2. **Sprecht über die Vor- und Nachteile.**
3. **Stellt euch vor, ihr müsstet das Wasser, das ihr jeden Tag verbraucht, mit einem Eimer von einem Brunnen oder Bach holen. Was würde das für euch und eure Familie bedeuten?**

.................................................................................................

.................................................................................................

.................................................................................................

.................................................................................................



Kapitellogo: Norbert Höveler; Brunnen mit Eimer: © Verlag an der Ruhr; alle anderen Abb.: Bettina Weyland

# Was passiert in einer Kläranlage? (1/3)

In der Kläranlage wird das verschmutzte Wasser von sämtlichen Haushalten, der Landwirtschaft, dem Gewerbe und der Industrie gereinigt. Dazu durchfließt das Abwasser 3 große Stationen: die **mechanische Reinigung**, die **biologische Reinigung** sowie die **Schlammbehandlung**.

© Thomas Leiss – Fotolia.com

Zu Beginn werden mithilfe von einem **Rechen** oder einem **Sieb** grobe Verschmutzungen (zum Beispiel Papier, Laub, Holzstücke, Plastikteile, tote Tiere) aus dem Abwasser entfernt. Das gesammelte Rechengut wird zur Abfalldeponie transportiert. Anschließend gelangt das Wasser in den **Sandfang**. In diesem Absetzbecken werden Sand, kleine Steine oder Glassplitter abgesaugt. Die letzte Stufe der mechanischen Reinigung ist das **Vorklärbecken**. Hier wird die Fließgeschwindigkeit des Abwassers verringert, damit auch sehr leichte Stoffe zu Boden sinken. Der unten angesammelte Schlamm gelangt in die Schlammbehandlung.

Bei der Schlammbehandlung wird im **Faulturm** aus dem abgesaugten Schlamm, dem Klärschlamm, Gas gewonnen. Anschließend kann der Schlamm in der Landwirtschaft als Dünger genutzt werden oder in Müllverbrennungsanlagen verwertet werden.

Das Abwasser ist jedoch immer noch nicht sauber. Seife, Shampoo, Waschmittel oder Urin, also gelöste Stoffe, befinden sich noch immer im Abwasser. Diese werden mithilfe der biologischen Reinigung entfernt. Im sogenannten **Belebungsbecken** warten Milliarden von Bakterien und kleinsten Organismen darauf, den im Wasser gelösten Schmutz zu reinigen. Sie ernähren sich von den gelösten Stoffen. Auch Luft wird durch das Becken gesprudelt.
Die Bakterien setzen sich so am Schmutz fest und bilden Schlammflocken. Die Schlammflocken mit den Bakterien sinken schließlich im **Nachklärbecken** auf den Boden und werden abgesaugt. Das gereinigte Wasser fließt nun wieder zurück in die Natur.

Kapitellogo: Norbert Höveler

# Was passiert in einer Kläranlage? (2/3)

Schaue dir die Skizze von der Kläranlage an und lies dir den Infotext auf dem ersten Blatt durch.

**Beschrifte die einzelnen Stationen in der Kläranlage mit den fett gedruckten Begriffen aus dem Infotext.**

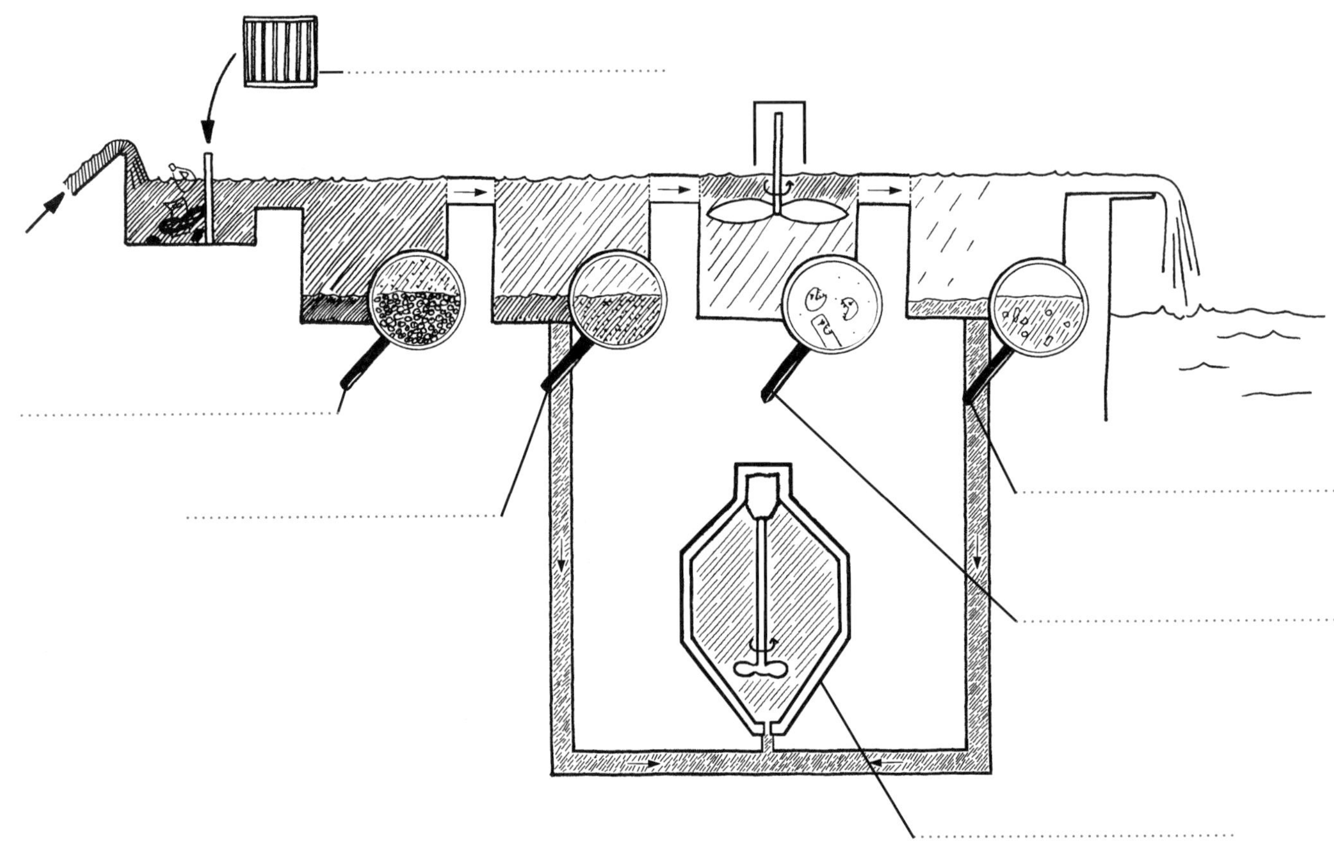

# Was passiert in einer Kläranlage? (3/3)

Die mechanische Reinigung von verschmutztem Wasser könnt ihr ganz leicht selbst nachbauen.

**Ihr braucht:**

➔ 1 großes Glas (zum Beispiel Gurkenglas)
➔ 1 Blumentopf mit Loch
➔ 1 Kaffeefilter
➔ kleine Kieselsteine
➔ Sand
➔ Blumenerde
➔ Wasser
➔ Kanne/Glas
➔ Löffel

**So geht es:**

1. Steckt den Kaffeefilter in den Blumentopf. Zuerst gebt ihr eine dicke Schicht Kieselsteine hinein, dann den Sand und zuletzt die Blumenerde.
2. Stellt den befüllten Blumentopf auf das Glas.
3. Für das Schmutzwasser füllt ihr Wasser in eine Kanne/ein Glas und gebt einen Löffel Blumenerde dazu. Rührt kräftig um.
4. Gießt das Schmutzwasser über die Erdschicht im Blumentopf.
5. Beobachtet.

**Was ist passiert? Schreibt auf.**

..........................................................................................

..........................................................................................

..........................................................................................

..........................................................................................

**Überlegt. Habt ihr nun schon komplett gereinigtes Wasser?**

..........................................................................................

..........................................................................................

..........................................................................................

Kapitellogo: Norbert Höveler; Filter/Kanne/Glas: Bettina Weyland

# Wasser versteckt im Einkaufskorb

**1. Glaubst du, dass für diese Produkte Wasser benötigt wurde? Kreuze an.**

☐ ja ☐ nein | ☐ ja ☐ nein | ☐ ja ☐ nein | ☐ ja ☐ nein | ☐ ja ☐ nein

☐ ja ☐ nein | ☐ ja ☐ nein | ☐ ja ☐ nein | ☐ ja ☐ nein | ☐ ja ☐ nein

**2. Vergleiche mit einem Partner deine Ergebnisse. Sprecht darüber.**

**3. In welchen Produkten hat sich das meiste Wasser versteckt? Betrachte die Tabelle.**

| | | | |
|---|---|---|---|
| 1 Liter Milch | 1 000 Liter | Banane | 859 Liter |
| Tomate | 184 Liter | Computer | 20 000 Liter |
| Jeans | 11 000 Liter | 1 Kilogramm Zucker | 809 Liter |
| Ei | 200 Liter | T-Shirt | 2 700 Liter |
| Auto | 400 000 Liter | Schokoriegel | 2 000 Liter |

**4. Was hat dich am meisten überrascht? Begründe.**

.....................................................................................................

.....................................................................................................

.....................................................................................................



Kapitellogo, Laptop: Norbert Höveler; T-Shirt: Petra Lefin; Milchtüte, Ei: Astrid Wilkesmann; alle anderen Abb.: Anja Boretzki

# Virtuelles Wasser – Was ist das?

Wasser sparen – kein Problem. Jeder von uns verbraucht im Durchschnitt 130 Liter Wasser am Tag zum Kochen, Trinken, Duschen und Baden, Wäsche waschen, für die Toilettenspülung und so weiter. Aber das ist nur ein ganz kleiner Teil unseres tatsächlichen täglichen Wasserverbrauchs.

In Wirklichkeit verbrauchen wir viel mehr Wasser, nämlich etwa 5 000 Liter Wasser pro Person und Tag.

Dieses Wasser ist in Dingen, die wir täglich benutzen oder einkaufen, „versteckt“. Man nennt dieses Wasser auch „virtuelles Wasser“. Es beschreibt die **Menge an Wasser, die ein Produkt zur Herstellung benötigt und die zum Transport verwendet wird.**

Um ein einziges T-Shirt herzustellen, werden 2 700 Liter Wasser benötigt.

Bewässerung der Baumwollpflanzen

Reinigung der Baumwolle

Spinnen und Färben

Maschinen und Geräte

Transport

**1. Du siehst hier ein Kreisdiagramm. Überlege: Für welche „Station“ des T-Shirts wird am meisten Wasser verbraucht, wofür am wenigsten?**

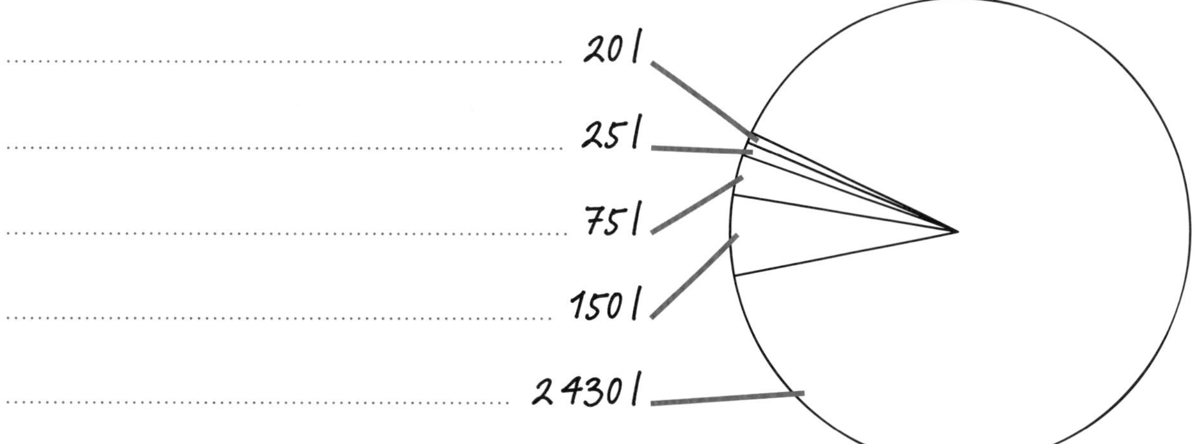


**2. Überlege, was du heute zum Frühstück gegessen und getrunken hast. Auf der Internetseite www.virtuelles-wasser.de kannst du in der Produktgalerie herausfinden, wie viel virtuelles Wasser in deinem Kakao, Tee oder Müsli versteckt sind.**

Kapitellogo: Norbert Höveler; T-Shirt: Jens Müller

# Wassergehalt von Lebensmitteln

Die Flüssigkeit, die unser Körper täglich benötigt, nehmen wir nicht nur über Getränke auf. Auch Lebensmittel enthalten Wasser und tragen zu unserer täglichen Wasserversorgung bei.

**1. Sieh dir die Bilder an und überlege, welche Nahrungsmittel den größten Wassergehalt haben. Nummeriere.**

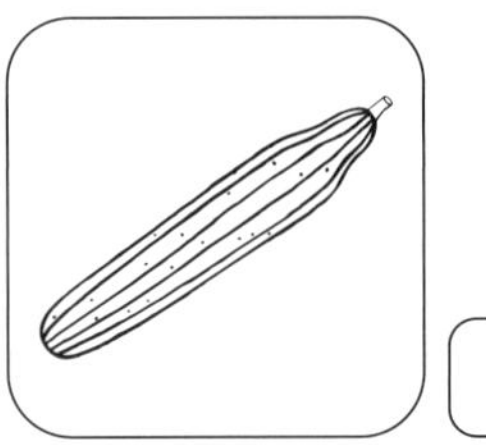

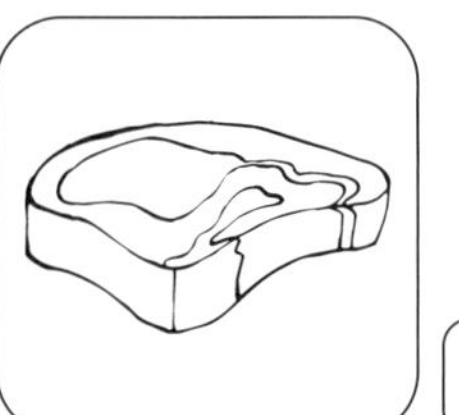
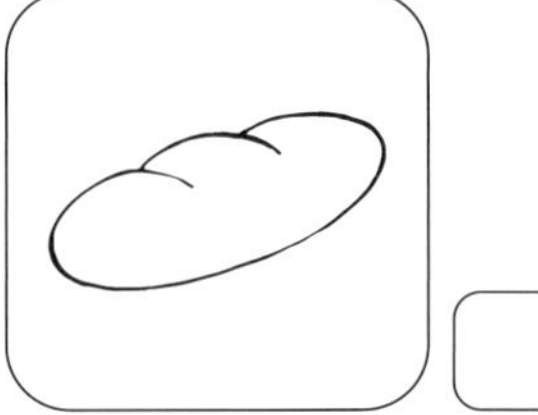

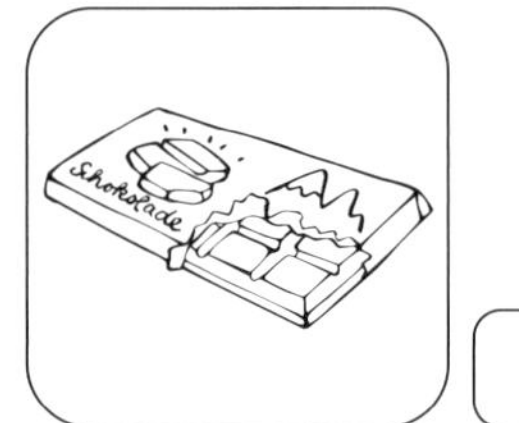

**2. In allen Nahrungsmitteln ist Wasser enthalten. Aber wie viel? Was passiert, wenn du einer Gurke oder einem Apfelschnitz Wasser entziehst? Probiere es aus. Wie sieht die Zucchini nach einem Tag, nach drei oder nach fünf Tagen aus? Wie viel wiegen die Lebensmittel an den jeweiligen Tagen? Erstelle einen Beobachtungsbogen (siehe Skizze) und trage deine Beobachtungen dort ein.**

**Du brauchst:**

- ➔ verschiedene Lebensmittel (zum Beispiel Gurke, Zucchini, Apfelschnitz)
- ➔ Schalen
- ➔ Waage

| | Lebensmittel | Datum | Gewicht | Aussehen |
|---|---|---|---|---|
| Tag 1 | | | | |
| Tag 2 | | | | |
| Tag 3 | | | | |
| Tag 4 | | | | |
| Tag 5 | | | | |



Kapitellogo: Astrid Wilkesmann; Fisch: Norbert Höveler; Ölflasche: © Verlag an der Ruhr; alle anderen Abb.: Anja Boretzki

# Auch Pflanzen müssen trinken

Experiment

Wie alle Lebewesen brauchen auch Pflanzen Wasser zum Leben. Um ihren Stoffwechsel aufrechtzuerhalten, benötigen Pflanzen jeden Tag eine bestimmte Wassermenge. Bekommen Pflanzen zu wenig Wasser, beginnen sie, zu welken.

 **Aber wie trinken Pflanzen?**

**Ihr braucht:**

➔ 1 Glas mit Wasser
➔ 1 Blume mit einer weißen Blüte (zum Beispiel eine Nelke)
➔ 1 kleines Messer
➔ Tinte

**So geht es:**

1. Füllt das Glas mit Wasser und gebt etwas Tinte hinein.
2. Schneidet den Stängel vorsichtig schräg ein.
3. Stellt die Blume in das Glas.
4. Beobachtet, was passiert.
5. Erklärt.

**Überlegt: Wie könnt ihr eine Blume auch zweifarbig färben? Schreibt auf und führt das Experiment durch.**

Kapitellogo: Astrid Wilkesmann; Blumenvase: Anja Boretzki
© Verlag an der Ruhr | Autorin: Dominique Lurz | ISBN 978-3-8346-2740-7 | www.verlagruhr.de

# Tiere als Wasserkünstler

**Kamele** sind richtige Überlebenskünstler in der Wüste. In nur 10 Minuten kann ein Kamel 200 Liter Wasser trinken. Das ist mehr als eine volle Badewanne. Ein Kamel kann außerdem Wasser bis zu 4 Wochen in seinen 3 Vormägen speichern.

Ein **Elefant** trinkt etwa 150 Liter am Tag. Mit nur einem einzigen Schluck, also einer Rüssel-Ladung, kann der Elefant 8 Liter auf einmal hochsaugen.

**Wasserläufer** sind winzige Tierchen und werden nur 8 bis 10 Millimeter groß. Mithilfe der Oberflächenspannung können sich diese Tiere blitzschnell auf der Wasseroberfläche bewegen, ohne zu ertrinken.

**Koalas** trinken nur selten. Ihren täglichen Wasserbedarf decken sie durch Eukalyptus-Blätter. Ein erwachsener Koala verspeist jeden Tag etwa 200 bis 400 Gramm Blätter. Weißt du eigentlich, was „Koala" heißt? „Koala" stammt aus der Sprache der Ureinwohner Australiens, der Aborigines, und bedeutet „trinkt nicht".

1. **Markiere alle Zeichnungen, die zu den Informationen oben passen, farbig. Addiere die Nummern dieser Bilder.**
   Wenn du die Zahl 99 herausbekommst, hast du alles richtig gemacht.

2. **Ein erwachsener Mensch sollte pro Tag etwa 2 Liter trinken. Ein Kind etwa 1 Liter am Tag. Wie viele Tage müssten wir trinken, um die gleiche Menge wie ein Kamel und ein Elefant mit einer „Rüssel-Ladung" zu trinken? Berechne.**

.................................................................................................................

.................................................................................................................

.................................................................................................................


Kapitellogo: Astrid Wilkesmann; Kamel: Petra Lefin; Wasserläufer: © Verlag an der Ruhr; Pflanze/Zweig: Bettina Weyland; Eimer: Anja Boretzki; Berggipfel/Vögel: Eva Spanjardt; alle anderen Abb.: Norbert Höveler
© Verlag an der Ruhr | Autorin: Dominique Lurz | ISBN 978-3-8346-2740-7 | www.verlagruhr.de

# Gewässer-Recherche

1. **Suche dir eine der folgenden Gewässer-Aufgaben aus. Informationen zu den Gewässern findest du, indem du sie im Internet unter www.wikipedia.de als Suchbegriffe eingibst.**
2. **Schreibe das, was du herausgefunden hast, in deinen eigenen Worten auf.**

Der **Nil** ist ein Strom in Afrika und der längste Fluss der Erde. Wie lang ist der Nil? Wo entspringt er? In welches Meer mündet er? Wie heißen die beiden Quellflüsse des Nils?

Der **Amazonas** ist ein Strom in Südamerika. Er ist der wasserreichste Fluss der Erde. Nach ihm ist auch ein Dschungel benannt. Wie lang ist der Amazonas? Welche Farbe hat er? In welches Meer mündet er?

Die **Donau** ist der längste Fluss Deutschlands und der zweitlängste Fluss Europas. In welches Meer mündet die Donau? Durch wie viele Länder fließt sie? Wie heißen diese Länder? Nenne 3 bekannte Städte, die an der Donau liegen.

Der **Mississippi** durchquert fast die ganzen Vereinigten Staaten von Amerika von Norden nach Süden. Er fließt dabei durch 8 Bundesstaaten. Wie heißen diese Staaten? Wie lang ist der Mississippi? In welches Meer mündet der Mississippi?

Der **Baikalsee** ist der tiefste und älteste Süßwassersee der Erde. In welchem Land liegt der Baikalsee? Wie tief ist er? Wie alt ist der Baikalsee? Wie breit ist der Baikalsee durchschnittlich?

Der **Marianengraben** ist ein Tiefseegraben, in dem die tiefste Stelle des Weltmeeres liegt. In welchem Ozean liegt der Marianengraben? Wie tief ist die tiefste Stelle? Wie lang ist der Graben?

Kapitellogo: Astrid Wilkesmann; Fluß/Landschaft: Norbert Höveler

# Hochwasser in Deutschland

Immer wieder kommt es durch lang anhaltende Regenfälle oder durch die Schneeschmelze an vielen Flüssen zu Hochwasserkatastrophen. Einige Experten vermuten, dass die Klimaerwärmung dafür verantwortlich ist. Aber auch noch andere Ursachen können Hochwasser begünstigen, zum Beispiel die zunehmende Versiegelung und Verdichtung des Bodens (unter anderem durch den Straßenbau), das Abholzen von Wäldern, das Eindeichen von Flüssen oder die Besiedelung von Überflutungsflächen.

Als besonders gefährdet gelten in Deutschland die Flüsse Donau, Elbe, Mosel, Oder und Rhein.

© entelechie – Fotolia.com

1. **Wodurch entsteht Hochwasser?**

   ..............................................................................................................................

2. **Früher wurden Flüsse oft begradigt, damit die Schifffahrt einfacher wurde.**
   **Überlege: Welche Flüsse begünstigen Hochwasser – gerade oder kurvenreiche? Begründe deine Antwort.**

   ..............................................................................

   ..............................................................................

   ..............................................................................

   ..............................................................................

   ..............................................................................

   ..............................................................................

   ..............................................................................

3. **Welche Faktoren begünstigen Hochwasser? Unterstreiche sie im Text.**

4. **Suche die 5 oben genannten Flüsse auf der Karte und spure sie farbig nach. Kennst du Städte, die an diesen Flüssen liegen? Zeichne sie ein.**

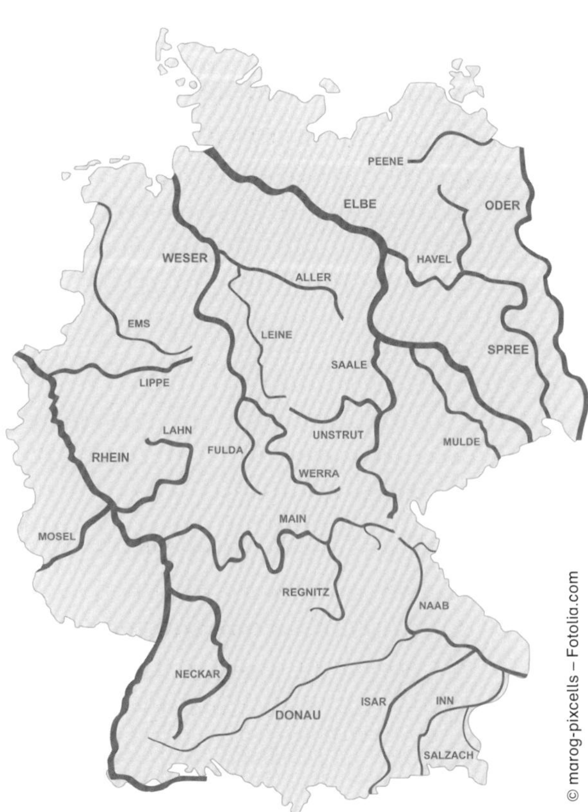


© marog-pixcells – Fotolia.com



Kapitellogo: Astrid Wilkesmann

# Schutzmaßnahmen gegen Hochwasser

Um sich vor Hochwasser zu schützen, ergreifen die Menschen zahlreiche Schutzmaßnahmen.

**Verbinde jeden Textabschnitt mit dem dazugehörigen Bild.**

Es wird versucht, begradigte Flüsse wieder in das ursprüngliche, kurvenreiche Flussbett zu leiten. Dadurch fließen die Flüsse nicht mehr so schnell.

© Alois – Fotolia.com

Es werden Flutflächen, sogenannte Polder, in unbewohnte Gegenden gebaut. Diese Flächen werden bei Hochwasser kontrolliert geflutet, sodass weiter flussabwärts in den besiedelten Gebieten die Pegel nicht so hoch werden.

© DOC RABE Media – Fotolia.com

Wenn solche Polder nicht gebaut werden können, werden die Dämme an den Flüssen erhöht.

© Frank Wagener – Fotolia.com

Am Meer kann man nur die Deiche (Meerdämme) erhöhen. Bei Flussmündungen am Meer werden große Sperrwerke gebaut. Mit diesen Bauten versucht man, sich vor Sturmfluten zu schützen.

© Uwe Grötzner – Fotolia.com

Kapitellogo: Astrid Wilkesmann

# Wasser ist lokal verfügbar

Felix aus Deutschland und Fahima aus Tansania

Wasserhahn auf und sauberes Trinkwasser kommt aus der Leitung. Was für uns ganz selbstverständlich ist, ist für über eine Milliarde Menschen der Erde ein Traum. Das sind etwa 12-mal so viele Menschen wie in Deutschland leben!

**Felix aus München, Deutschland (10 Jahre):**
„In der Schule hatte ich heute Sportunterricht. Beim Geräteturnen habe ich so sehr geschwitzt, dass ich mich nach der Schule sofort unter die Dusche gestellt habe. Ich liebe Duschen und bleibe gerne mal 10 Minuten unter dem erfrischenden Wasserstrahl stehen. Danach habe ich eine ganze Mineralwasserflasche auf einmal ausgetrunken. Am Nachmittag bin ich mit meinem Freund zum Fußballtraining. Nach diesem anstrengenden Tag habe ich mir abends nochmal ein schönes Bad in der Badewanne gegönnt."

**Fahima aus Tansania, Afrika (11 Jahre):**
„In meinem Dorf gibt es keine Wasserleitungen oder Toiletten. Jeden Tag muss ich etwa 2 Stunden Fußmarsch zurücklegen, um aus einem Brunnen Wasser für mich und meine Familie zu holen. Deswegen kann ich auch oft nicht in die Schule gehen. Das Wasser trage ich in einem Kanister auf dem Kopf. Leider ist das Wasser meistens braun, schlammig und stinkt. Davon werden gerade kleine Kinder schnell krank und bekommen Durchfall und starke Bauchschmerzen."

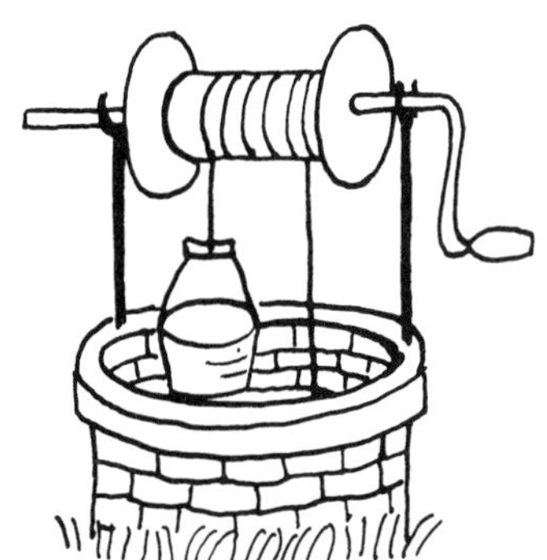

1. **Stelle dir vor, du hättest zu Hause kein fließendes Wasser. Wie wäre das für dich? Worauf müsstest du verzichten?**
2. **Überlege: Wofür verbrauchst du das meiste Wasser am Tag? Wofür würde Fahima das Wasser nutzen?**
3. **Warum ist es wichtig, dass unser Trinkwasser sauber und frisch ist?**
4. **Stelle dir vor, Felix und Fahima würden sich treffen. Wie würde wohl ihr Gespräch verlaufen? Worüber würden sie sprechen? Schreibe gemeinsam mit einem Partner den möglichen Gesprächsverlauf auf.**

# Wasser – Sparer und Verschwender

Circa 3 Milliarden Menschen weltweit haben sehr viel weniger Wasser zur Verfügung als wir. Sie haben keinen direkten Zugang zu sauberem Trinkwasser und müssen oft lange Fußmärsche zurücklegen, um an Wasser zu gelangen.

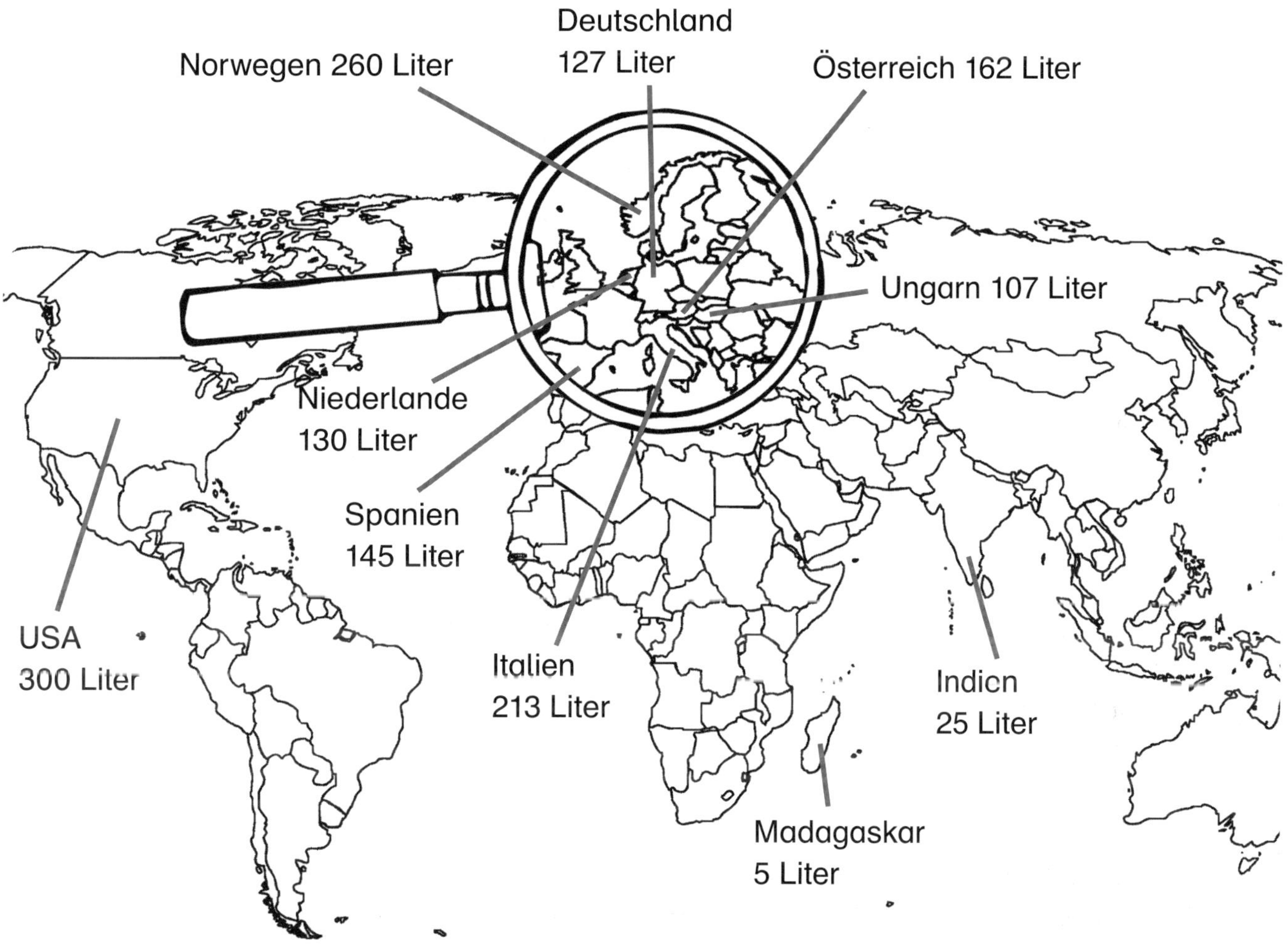

Norwegen 260 Liter
Deutschland 127 Liter
Österreich 162 Liter
Ungarn 107 Liter
Niederlande 130 Liter
Spanien 145 Liter
USA 300 Liter
Italien 213 Liter
Indien 25 Liter
Madagaskar 5 Liter

1. **Seht euch die Weltkarte an. Auf welchem Kontinent wird am meisten Wasser verbraucht? Wo herrscht großer Wassermangel?**
2. **Erstellt aus den Daten ein Schaubild im Heft oder auf der Rückseite.**
3. **Eine Person aus den USA tauscht für eine Woche mit einer Person aus Indien. Wie würde es ihnen wohl ergehen? Worüber würden sie staunen? Was würden sie tun?**

..........................................................................................

..........................................................................................

..........................................................................................

..........................................................................................

# Die Weltmeere (1/2)

## Wie viele Meere gibt es auf der Erde?

Die Erde ist zum größten Teil von Wasser bedeckt. Diese Gewässer werden in Ozeane und Meere eingeteilt. Auf der Erde gibt es 3 Ozeane: den **Atlantischen**, den **Pazifischen** und den **Indischen Ozean**. Diese drei Ozeane werden **„Weltmeer"** genannt, da sie miteinander verbunden und zusammen riesengroß sind.

Zu diesen Ozeanen gehören noch 63 kleinere Meere, wie die Nordsee, die Ostsee oder das Mittelmeer. Auch diese sind alle miteinander verbunden, sodass man mit einem Schiff alle Meere erreichen kann, ohne das Schiff zu verlassen.

## Wann ist ein Meer ein Meer?

Nord- und Ostsee tragen das Wort „See" mit im Namen, obwohl sie eigentlich Meere sind. Manche Meere sind eigentlich Seen. Wo genau ist der Unterschied?

Ist ein Gewässer mit dem Weltmeer, also den 3 großen Ozeanen verbunden, ist es ein **Meer**. Ist ein Gewässer komplett von Land umgeben, so nennt man es einen **See**. Deshalb ist auch das Tote Meer eigentlich ein See.

## Warum ist Meerwasser salzig?

Das meiste Wasser auf der Erde, etwa 97 %, ist Salzwasser. Nur die restlichen 3 % sind Süßwasser. Wie du sicher weißt, ist das Wasser in den meisten Meeren salzig, das Wasser in Flüssen und Seen hingegen meistens nicht. Doch wie kommt das Salz ins Meer?

In Flüssen, die im Gebirge entspringen, löst das Wasser die Salze aus den Steinen, über die es fließt. Der Fluss spült die Salze immer weiter, bis er schließlich ins Meer mündet. Also steckt auch in Flusswasser Salz, aber viel weniger als in den Meeren – so wenig, dass wir es nicht schmecken können.

Eine andere Salzquelle sind unterirdische Vulkane, von denen es in den Ozeanen viele gibt. Wenn sie ausbrechen, sprudelt salzige Lava ins Meerwasser. Auch die Sonne spielt eine Rolle: Wenn sie strahlt, verdunstet das Meerwasser. Dabei nimmt das Wasser die Wärme der Sonne auf und verwandelt sich in Wasserdampf, der in die Luft aufsteigt. Das Salz im Meerwasser verdunstet jedoch nicht.

# Die Weltmeere (2/2)

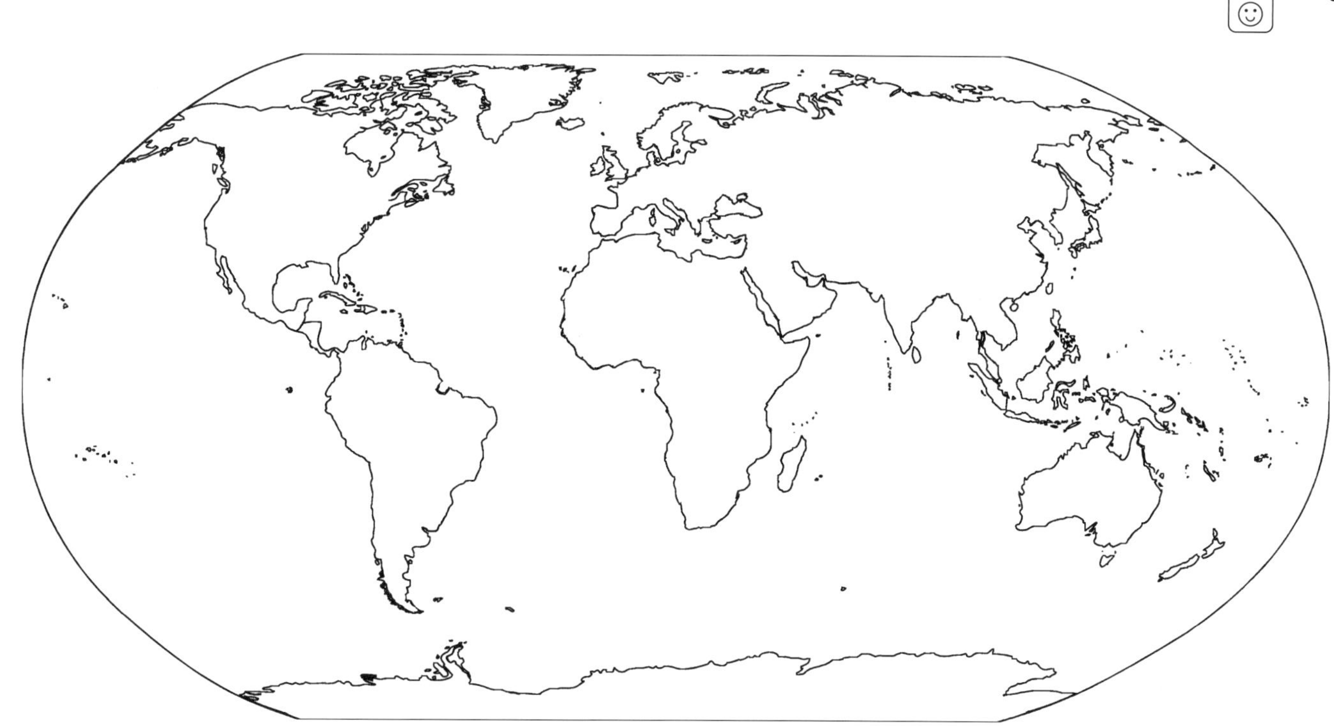

1. **Beschrifte die 3 großen Ozeane (Atlantischer Ozean, Pazifischer Ozean, Indischer Ozean). Nimm eine Karte zu Hilfe.**
   Neben den großen Ozeanen gibt es auch noch eine Menge von Nebenmeeren. Ein Nebenmeer ist zum Beispiel die Nordsee. Sie ist ein Teil vom Atlantik, aber so abgegrenzt, dass man es als eigenes Meer bezeichnet.
2. **Suche die Nordsee auf der Karte und zeichne sie ein.**
3. **Die Ozeane sind im Durchschnitt 3700 Meter tief. Kennst du einen Berg, der ungefähr genauso groß ist?**

   ............................................................

4. **In den Ozeanen gibt es aber auch noch tiefere Gebiete. Der Marianengraben ist die tiefste Stelle auf der Erde. Sie ist etwa 11000 Meter tief. Suche den Marianengraben auf einer Weltkarte und zeichne ihn oben ein.**
5. **Suche einen Ort in der Nähe deiner Schule, der auch 11 Kilometer weit weg ist.**

   ............................................................

# Weltwirtschaft auf dem Wasser

Wasser hat als Transportplattform für die Weltwirtschaft eine sehr große Bedeutung. Über das Wasser kann man mit einem Fahrzeug am meisten Waren verschicken. Über 90 % der Waren, die zwischen Kontinenten verschickt werden, werden auf Schiffen transportiert.
Wusstest du, dass die größten beweglichen Bauten, die Menschen herstellen, Schiffe sind?

Die Meere sind deshalb als Transportweg so beliebt, da man wenig Personal benötigt, um große Warenmengen zu verschicken. Auf einem der größten Schiffe braucht man nur einen Menschen, um 830 Container zu transportieren. Ein LKW-Fahrer kann nur einen Container laden.

Obwohl die großen Schiffe relativ langsam sind, können sie den ganzen Tag durchfahren, ohne an Ampeln stoppen zu müssen oder eine Pause einzulegen. Dadurch, dass die Motoren gleichmäßig den ganzen Tag laufen können, braucht man im Vergleich zu einem LKW auch weniger Benzin.

1. **Der Transport von Waren mit einem Schiff hat Vor- und Nachteile. Sprecht darüber und schreibt sie in eine Tabelle.**
2. **In Hamburg (Deutschland) und in Durban (Südafrika) sind 2 große Häfen. Findet heraus, wie lange man für diese Strecke mit einem LKW benötigt und wie lange mit einem Schiff.**
   Die Strecke beträgt auf dem Landweg ca. 15 500 km.
   Pro Tag kann man auf dieser Strecke knapp 800 km schaffen.
   Der Seeweg ist etwa 12 000 km lang.
   Das größte Containerschiff der Welt schafft pro Tag etwa 1 100 km pro Tag.

..........................................................................................

..........................................................................................

..........................................................................................

# Wasser-Rekorde

Das Element Wasser ist ein unglaubliches Phänomen.
Es gibt zahlreiche Rekorde, bei denen wir nur staunen können.

So ist beispielsweise der höchste Wasserfall in Deutschland 470 Meter hoch. Er heißt Röthbachfall und liegt in Bayern, genauer gesagt, im Berchtesgadener Land am Königsee. Das ist jedoch noch nichts gegen den höchsten Wasserfall der Erde. Dieser heißt Salto Ángel und liegt in Südamerika, in Venezuela, und ist 979 Meter hoch.

1. **Findet folgende Wasser-Rekorde heraus:**

   Der längste Fluss der Welt: ........................ ........ km

   Der tiefste See der Welt: ........................ ........ m

   Der größte Ozean der Welt: ........................ ........ $km^2$

   Die tiefste Stelle im Meer: ........................ ........ m

2. **Recherchiert im Internet nach weiteren Wasser-Rekorden.**

3. **Schreibt in eine Tabelle Wasser-Rekorde in Deutschland und Wasser-Rekorde der Welt.**

   **Tipps:** längster Fluss, breitester Fluss, größter See, tiefster See usw.

| Rekorde in Deutschland | Rekorde der Welt |
|---|---|
| | |
| | |
| | |
| | |
| | |
| | |
| | |

4. **Findest du noch weitere Wasser-Rekorde? Schreibe auf.**

..............................................................................

..............................................................................

# Der klassische Wasserkreislauf

Wasser besteht aus vielen kleinen Wassertropfen, die sich ständig bewegen.

Wenn die **Sonne** scheint, erwärmt sie die Erdoberfläche. Durch die Wärme verdunstet das Wasser an der Oberfläche, über Seen, Bächen, Flüssen und über dem Meer. Unsichtbar steigt das Wasser als **Wasserdampf** in den Himmel. In der Höhe wird es immer kälter und der Wasserdampf kühlt ab. Er verwandelt sich zu unzähligen, kleinen Wassertropfen, aus denen sich **Wolken** bilden. Dies nennt man „kondensieren". Ist eine Wolke groß genug geworden, fallen die Tropfen als Regen, Schnee oder Hagel zu Boden. Dies nennt man **Niederschlag**. Die Tropfen versickern im Erdboden und sammeln sich als Grundwasser oder fließen in Flüssen und Seen wieder zurück zum Meer. Und so beginnt der Kreislauf wieder von vorn.

**Beschrifte die Zeichnung mit den fett gedruckten Wörtern aus dem Text.**

© Sabine Voigt – Fotolia.com



Kapitellogo: Norbert Höveler

# Kann es in einem Glas regnen?

Experiment

**Ihr braucht:**

- ➔ 1 großes Glas
- ➔ 1 oder 2 kleine Pflanzen (mit Wurzeln)
- ➔ Frischhaltefolie
- ➔ 1 Gummiband
- ➔ Erde
- ➔ etwas Kies und Sand
- ➔ Wasser
- ➔ Sonne

**So geht es:**

1. Füllt das Glas mit Kies, Sand und der Erde.
2. Setzt die Pflanzen in die Erde und gießt sie.
3. Verschließt nun das Glas mit Frischhaltefolie und dem Gummiband.
4. Stellt euer Glas an einen sonnigen Ort.
5. Nun heißt es: Geduld haben und abwarten!

**Was beobachtet ihr?**

.......................................................................................................................................

**Warum ist das so? Erklärt.**

.......................................................................................................................................

.......................................................................................................................................

.......................................................................................................................................

Kapitellogo: Norbert Höveler; Glas: Petra Lefin

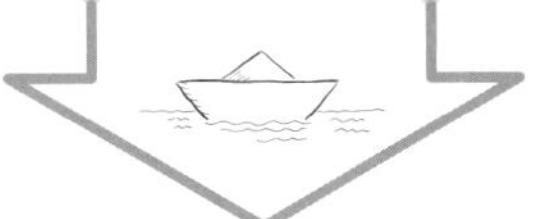

# Wasser kann sich verwandeln (1/2)

Wasser ist nicht immer flüssig. In der Natur können wir Wasser in vielen verschiedenen Formen wahrnehmen.

Wasser gibt es in 3 verschiedenen Erscheinungsformen **(Aggregatzuständen): flüssig, fest und gasförmig.**

1. **Überlege: In welchem Zustand kommt Wasser auf der Erde am häufigsten vor?**

   ......................................................................................................................

2. **Wie kann Wasser noch aussehen? Schreibe auf.**

   ......................................................................................................................

   ......................................................................................................................

## Wie verwandelt sich Wasser?

Wasser besteht aus **vielen kleinen Teilchen** (Molekülen), die umeinander wirbeln. Wenn es **kälter** wird, werden diese Teilchen **langsamer** und gruppieren sich. Das Wasser wird **fest**.

Wird es **wärmer**, werden die kleinen Teilchen viel **schneller** und das Wasser wird wieder **flüssig**.

Ist es richtig **heiß**, sind die Teilchen so schnell, dass sie als unsichtbarer Wasserdampf hoch in die Luft steigen. Das Wasser ist nun **gasförmig**.

3. **Vervollständige den Lückentext.**

   Wenn es draußen im Winter .................... oder sogar kälter ist, ..................................... Wasser zu festem Eis. Wird es im Frühling wieder wärmer, ..................................... das Eis und wird ...................................... Scheint die Sonne auf das Wasser, ..................................... ein Teil des Wassers. Dabei steigen kleine, unsichtbare, gasförmige Wassertropfen hoch in die Luft.

   Erhitzt man Wasser auf ...................., ..................................... es und wird zu Wasserdampf. Trifft Wasserdampf zum Beispiel auf eine kalte Fensterscheibe, ..................................... er. Der Dampf wird also wieder flüssig.

**Diese Wörter helfen dir:**
0° C, verdampft, schmilzt, verdunstet, gefriert, kondensiert, flüssig, 100° C



Kapitellogo: Norbert Höveler

# Wasser kann sich verwandeln (2/2)

**4. Beschreibe, wie sich der See verändert hat.**

**5. Ergänze die Tabelle.**

| | |
|---|---|
| | Das Wasser ist ..........<br>Das Wasser wird ..........<br>Was ist passiert? .......... |
| | Das Wasser ist ..........<br>Das Wasser wird ..........<br>Was ist passiert? .......... |
| | Das Wasser ist ..........<br>Das Wasser wird ..........<br>Was ist passiert? .......... |
| | Das Wasser ist ..........<br>Das Wasser wird ..........<br>Was ist passiert? .......... |

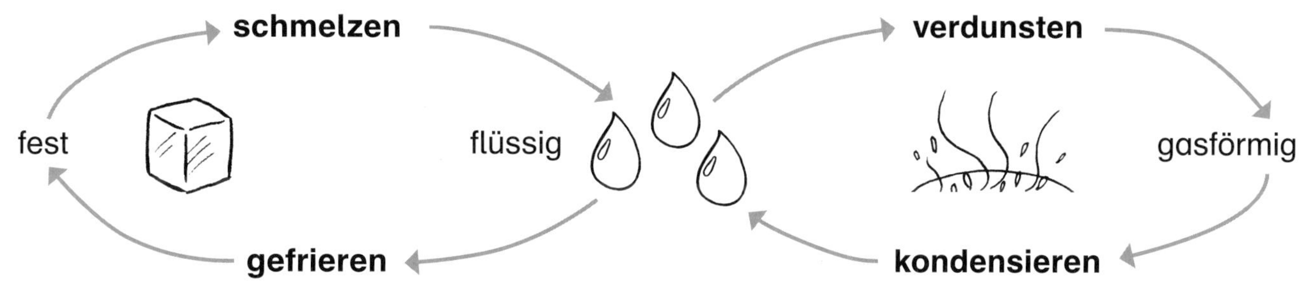


Kapitellogo, Eiswürfel: Norbert Höveler; Tropfen, offener Topf: © Verlag an der Ruhr; Kochtopf mit Deckel, Schüssel mit Eiswürfel: Astrid Wilkesmann; Gefrierfach: Bettina Weyland
© Verlag an der Ruhr | Autorin: Dominique Lurz | ISBN 978-3-8346-2740-7 | www.verlagruhr.de

# Kann ein Kamm schwimmen?

Experiment

1. **Schaut euch die Gegenstände an. Können die Dinge schwimmen? Was vermutet ihr?**

   **Kreist ein:**
   schwimmt auf dem Wasser = blau
   sinkt auf den Boden = rot

2. **Überprüft eure Vermutungen.**

   **Ihr braucht:**

   ➔ 1 Schüssel mit Wasser
   ➔ Gegenstände von Aufgabe 1

3. **Notiert eure Beobachtungen in einer Tabelle.**

| Das schwimmt: | Das sinkt: |
|---|---|
| | |
| | |
| | |
| | |
| | |
| | |
| | |
| | |
| | |

4. **Waren eure Vermutungen von Aufgabe 1 richtig? Kontrolliert und hakt ab.**

5. **Sprecht über eure Beobachtungen. Warum schwimmt ein Gegenstand auf dem Wasser und ein anderer sinkt zu Boden? Woran liegt das?**

.............................................................................................................

.............................................................................................................



Kapitellogo: Norbert Höveler; Korken, Holz/Stamm, Radiergummi: Astrid Wilkesmann; Stift, Kamm, Stein: Anja Boretzki; Kreide, Alufolie: Bettina Weyland; Murmeln: Anja Goosens; Styropor: Petra Lefin

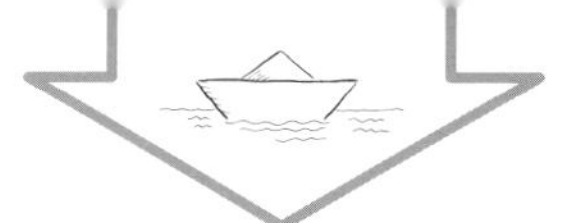

# Kann Knete schwimmen?

Experiment

Wasser besteht aus vielen kleinen Teilchen, den Wasser-Molekülen. Diese Wasser-Moleküle können leichte Sachen, wie Holz oder Styropor, leicht tragen. Schwere Sachen, wie ein Stein oder ein Stück Eisen, können nicht getragen werden. Wie kann aber ein Schiff schwimmen? Dadurch, dass bei einem Schiff das Eisen gebogen ist, sind so viele Wasserteilchen unter dem Schiff, dass diese selbst ein großes Schiff über Wasser halten können.

**Kann Knete schwimmen?**

1. **Formt aus Knetgummi eine Kugel und gebt sie ins Wasser.**

   Was passiert? ..............................................................................

2. **Versucht, die Knete so zu formen, dass sie nicht zu Boden sinkt. Zeichnet eure „Konstruktion" in die Schüssel.**

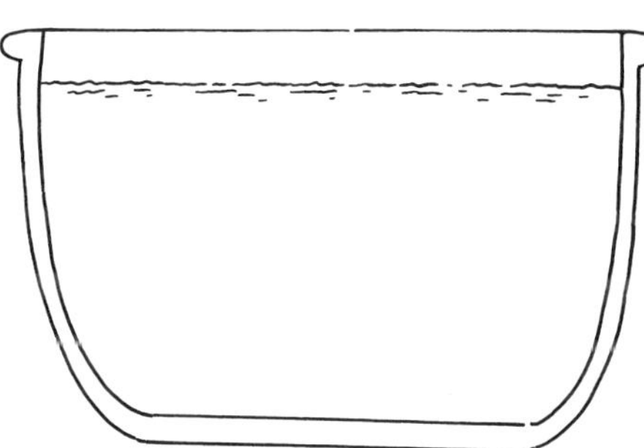

3. **Sprecht über eure Beobachtungen. Warum ist dies so?**

4. **Formt verschiedene Boote und beladet sie mit unterschiedlichen Materialien. Was passiert?**

   ..............................................................................

   ..............................................................................

   ..............................................................................

5. **Baut ein „Korken-Nagel-Boot". Mit wie vielen Nägeln sinkt der Korken? Zeichnet die Anzahl der Nägel in den Korken.**

   **Ihr braucht:**

   ➔ 1 Schüssel mit Wasser
   ➔ 1 Korken
   ➔ Nägel

# Sind Zucker und Pfeffer unsichtbar? (1/2)

Experiment

**Ihr braucht:**

➔ 1 Messbecher mit Wasser
➔ 6 Gläser
➔ 6 Löffel
➔ Wasser
➔ 6 Versuchsproben (zum Beispiel Zucker, Salz, Pfeffer, Öl, Saft einer Zitrone oder Orange, Blumenerde)

**So geht es:**

1. Gebt in jedes Glas eine andere Versuchsprobe.
2. Füllt alle Gläser mit Wasser.
3. Rührt vorsichtig um.

1. **Was passiert bei den einzelnen Versuchsproben? Beobachtet.**
2. **Tragt in die Tabelle ein.**

| wasserlösliche Stoffe | wasserunlösliche Stoffe |
|---|---|
| | |
| | |
| | |
| | |
| | |
| | |
| | |
| | |
| | |

3. **Findet selbst noch mehr Versuchsproben, die ihr testen könnt. Tragt eure Ergebnisse in die Tabelle ein.**

Stoffe, die sich in Wasser auflösen und nicht mehr sichtbar sind, nennt man **wasserlöslich**. Stoffe, die sich nicht in Wasser auflösen, nennt man **wasserunlöslich**.

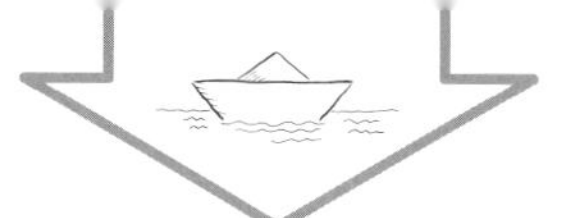

# Sind Zucker und Pfeffer unsichtbar? (2/2)

Experiment

**4. Was passiert beim Pfeffer und beim Öl?**
**Wartet 10 Minuten ab. Zeichnet in die Gläser und beschreibt.**

Pfeffer Öl

..............................................................................................................

..............................................................................................................

..............................................................................................................

**5. Wusstet ihr, dass Pfeffer Angst vor Spülmittel hat?**
Gebt in das Pfefferglas einen Tropfen Spülmittel in die Mitte.
Was vermutet ihr?

..............................................................................................................

..............................................................................................................

Zeichnet in das Glas und beschreibt.

..............................................................................................................

..............................................................................................................

..............................................................................................................

..............................................................................................................

..............................................................................................................

## Woran liegt das?

Dies hat mit der **Oberflächenspannung** des Wassers zu tun.
Die Oberflächenspannung kann man sich wie eine ganz dünne Klarsichtfolie vorstellen, die auf dem Wasser liegt. Die Oberflächenspannung ist auch dafür verantwortlich, dass ein Wasserläufer, eine Büroklammer oder eine Feder auf dem Wasser „laufen“ beziehungsweise schweben können. Diese Oberflächenspannung kann man mit der Büroklammer nur nutzen, wenn man die Büroklammer flach und ganz vorsichtig auf das Wasser legt. Lässt man die Büroklammer aufrecht ins Wasser, zerstört sie die Oberflächenspannung und die Klammer sinkt zu Boden.

Kapitellogo: Norbert Höveler; Gläser: Anja Boretzki

# Wasser-Lexikon

**Abwasser:**
durch Haushalte, Landwirtschaft, Verkehr oder Industriebetriebe verschmutztes Wasser, das in der Kläranlage gereinigt wird

**Aggregatzustand:**
Zustandsformen des Wassers: flüssig, fest, gasförmig

**Grundwasser:**
unterirdisch gespeichertes Wasser; wichtigster Trinkwasserspeicher

**Kläranlage:**
reinigt in mehreren Stufen das Abwasser

**kondensieren:**
Wasser geht vom gasförmigen in den flüssigen oder festen Aggregatzustand über

**Niederschlag:**
Wasser, das als Regen, Hagel, Schnee, Nebel, Reif und Tau aus den Wolken stammt

**Rechen:**
Reinigungsstufe in der Kläranlage; hält grobe Stoffe aus dem Abwasser zurück

**Salzwasser:**
größter Teil des Wassers auf der Erde, Wasser der Meere

**Sandfang:**
Absetzbecken in der Kläranlage, das Verschmutzungen, wie Sand, kleine Steine oder Glassplitter, auffängt

**Süßwasser:**
Wasser in Flüssen, Seen, Bächen und Quellen; die größten Süßwasservorkommen der Erde befinden sich zu Eis gefroren am Nord- und Südpol

**Trinkwasser:**
wichtigstes Lebensmittel; Wasser, das zum Trinken, Kochen, zur Körperpflege, für Zwecke im Haushalt bestimmt ist

**verdunsten:**
Wasser geht vom flüssigen in den gasförmigen Zustand über.

**virtuelles Wasser:**
die Menge an „verstecktem" Wasser, die in einem Produkt enthalten ist oder zur Herstellung des Produktes verwendet wird

**Wasserzähler:**
Messgerät, das zur Ermittlung des Wasserverbrauchs in einem Haushalt dient


Kapitellogo: Norbert Höveler

# Wasser-Spiel (1/3)

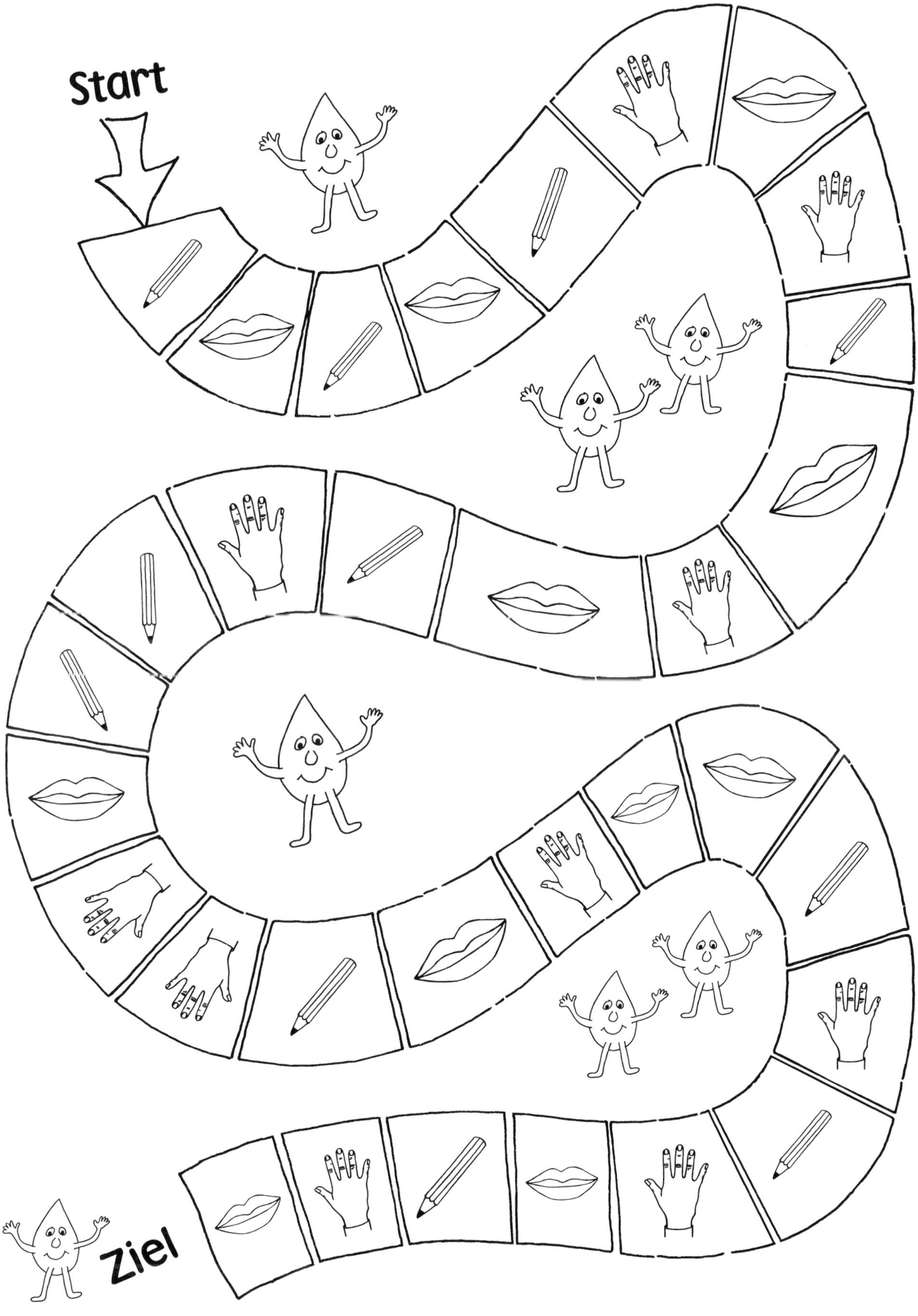

Start

Ziel

Kapitellogo: Norbert Höveler; Stift, Mund, Hand: Anja Boretzki; Cartoon-Tropfen: Ursula Arndt; Spielplan: © Verlag an der Ruhr

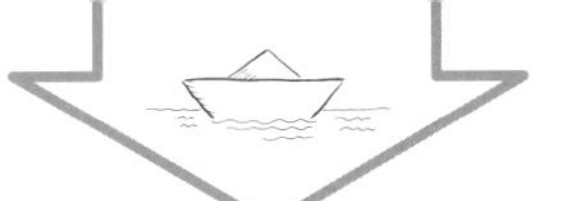

# Wasser-Spiel (2/3)

**Ihr braucht:**

➔ 2, 3 oder 4 Mannschaften (mindestens 2 Spieler pro Mannschaft)
➔ Spielplan (S. 45) und Spielkarten (S. 47)
➔ Spielfiguren
➔ Sanduhr
➔ Papier und Stifte

**So geht es:**

Die Felder auf dem Spielplan sind durch 3 verschiedene Symbole gekennzeichnet:

zeichnen

erklären

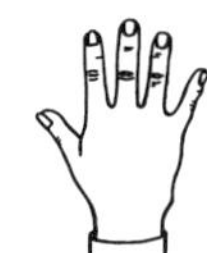

pantomimisch darstellen

1. Legt die Spielkarten verdeckt auf einen Stapel neben den Spielplan.
2. Alle Spielfiguren stehen auf dem Startfeld (= Zeichnen).
3. Der erste Spieler der ersten Mannschaft zieht eine Karte vom Stapel. Zum besseren Verständnis des Begriffes kann der Schüler eventuell das Wasser-Lexikon (S. 44) zu Hilfe nehmen.
   Die Sanduhr wird umgedreht. Der Spieler muss nun **seiner eigenen Mannschaft** den Begriff neben dem Symbol Stift aufzeichnen.
4. Die Spieler seiner Mannschaft versuchen, den Begriff zu erraten. Gelingt es der Mannschaft innerhalb der Zeit, dürfen sie mit ihrer Spielfigur die Anzahl an Feldern vorziehen, die hinter dem Begriff in Klammern steht.
5. Danach ist die nächste Mannschaft an der Reihe.

**Es gelten folgende Regeln:**

Der Spieler darf keine Buchstaben und Zahlen schreiben. Er darf auch nicht sprechen und Gesten machen.

Der Begriff muss erklärt werden, ohne das zu erratende Wort zu verwenden.

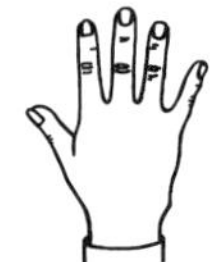

Der Begriff muss pantomimisch dargestellt werden. Der Spieler darf nicht sprechen und auf Gegenstände im Raum zeigen.

6. Die Mannschaft, die als erste mit ihrer Spielfigur im Ziel ist, ist Sieger.



Kapitellogo: Norbert Höveler; alle anderen Abb.: Anja Boretzki
© Verlag an der Ruhr | Autorin: Dominique Lurz | ISBN 978-3-8346-2740-7 | www.verlagruhr.de

# Wasser-Spiel (3/3)

| | | |
|---|---|---|
| Welle (1)<br>gasförmig (3)<br>Blumen gießen (1) | Wasserhahn (2)<br>schmelzen (2)<br>schwimmen (1) | Tropfen (1)<br>Kläranlage (1)<br>trinken (1) |
| Schiff (1)<br>Niederschlag (2)<br>essen (1) | Wolke (1)<br>Salzwasser (2)<br>baden (2) | Gießkanne (1)<br>Abwasser (3)<br>duschen (1) |
| Blume (1)<br>Wasserdampf (2)<br>kochen (1) | Brunnen (2)<br>Schlamm (2)<br>tauchen (2) | Floß (3)<br>Sandfang (2)<br>waschen (2) |
| Fisch (1)<br>Antarktis (3)<br>abspülen (1) | Dusche (2)<br>Rechen (2)<br>Hände waschen (1) | Toilette (2)<br>flüssig (2)<br>Zähne putzen (1) |
| Fluss (1)<br>fest (1)<br>in Pfütze springen (2) | Eiswürfel (2)<br>Nebel (2)<br>Auto waschen (2) | Wasserrad (3)<br>Hagel (2)<br>putzen (2) |
| Bach (3)<br>Spülmaschine (1)<br>abtrocknen (2) | Regen (1)<br>Wasserzähler (3)<br>Haare waschen (1) | Angel (1)<br>Schnee (1)<br>schnorcheln (3) |
| Seife (2)<br>Belebungsbecken (3)<br>Füße waschen (1) | Pflanzen (2)<br>verdunsten (3)<br>schwitzen (2) | Aquarium (2)<br>kondensieren (3)<br>zur Toilette gehen (1) |
| Glas (1)<br>Trinkwasser (2)<br>Tafel wischen (2) | Tasse (1)<br>Faulturm (3)<br>verschmutzen (3) | Tafel (1)<br>Grundwasser (3)<br>reinigen (3) |



Kapitellogo: Norbert Höveler
© Verlag an der Ruhr | Autorin: Dominique Lurz | ISBN 978-3-8346-2740-7 | www.verlagruhr.de

# Medientipps

## Literatur für Kinder

*Dietz, Daniela; Müller, Thomas:*
**Was weißt du übers Wasser?**
Wissenmedia, 2005.
ISBN 978-3-7653-1779-8

*Gruß, Andrea:*
**Willi wills wissen:**
**Wie kommt das Wasser in den Hahn?**
Baumhaus, 2008.
ISBN 978-3-8339-2718-8

*Lustig, Peter:*
**Erde und Wasser.**
Tandem Potsdam, 2003.
ISBN 978-3-8973-1909-7

*van Saan, Anita:*
**101 Experimente mit Wasser.**
moses, 2008.
ISBN 978-3-89777-425-4

*Schuh, Bernd; Göhlich, Susanne:*
**Wasser. Lesen, Staunen, Wissen.**
Gerstenberg, 2012.
ISBN 978-3-8369-5575-1

*Simsa, Marko; Döring, Hans-Günther:*
**Filip Frosch und das Geheimnis des Wassers.**
Annette Betz, 2005.
ISBN 978-3-219-11205-4

## Materialien für Ihren Unterricht

*Arndt, Ursula:*
**Werkstatt kompakt:**
**Der Bauernhof.**
Verlag an der Ruhr, 2014.
ISBN 978-3-8346-2603-5

*Bender, Iris:*
**Werkstatt kompakt:**
**Elektrizität und Stromerzeugung.**
Verlag an der Ruhr, 2014.
ISBN 978-3-8346-2498-7

*Rosenberg, Mary:*
**Werkstatt kompakt:**
**Orientierung und Kartenkunde.**
Verlag an der Ruhr, 2013.
ISBN 978-3-8346-2454-3

*Schmeiler, Jutta; Schröder, Nicole:*
**Werkstatt kompakt:**
**Magnete und Magnetismus.**
Verlag an der Ruhr, 2014.
ISBN 978-3-8346-2499-4

*Willems, Karolin; Odenthal, Iris:*
**Werkstatt kompakt:**
**Müll und Abfallvermeidung.**
Verlag an der Ruhr, 2013.
ISBN 978-3-8346-2452-9